Adivina, adivinanza

MONTAÑA
ENCANTADA

Textos Populares
Ilustrado por Mª Fe Quesada

Adivina, adivinanza

EVEREST

Tengo hojas sin ser árbol,
te hablo sin tener voz,
si me abres no me quejo,

adivina quién soy.

Uno es largo,
dos son bajitos,
el cuarto flaco
y el otro, gordito.

Tengo un amigo
de cuatro patas
que viene conmigo
a guardar las vacas.

Tiene ojos y no ve,
tiene pies y no anda
y, por dentro,
es blanca.

¿Qué cosa, cosita es,
que se ve en un minuto,
en una semana, en un mes,
y en un año no se ve?

13

Blanco como la nieve, tan dulce como la miel, ¿qué cosita es?

Dos arquitas de cristal,
que se abren
y se cierran
sin rechistar.

Comienzo la luna;
termino el sol;

estoy en el cielo
pero en la tierra no.

MaFe Quesada

Un despertador
sin agujas ni horario
que, al rayar el día,
despierta al vecindario.

Vuelo sin alas,
silbo sin boca,
azoto sin manos
y ni me ves ni me tocas.

Soy blanco como el papel,
y frágil como el cristal,
todos me pueden abrir
pero ninguno cerrar.

¿Qué animal de buen olfato
caza dentro de casa,
todos los rincones repasa
y lame, si encuentra, un plato?

Anda y no tiene pies,
come y no tiene boca,
la comida que le dan
siempre le parece poca.

Una señora,
muy aseñorada,
que siempre va en coche
y siempre va mojada.

Dos compañeras
van al compás
con los pies delante
y los ojos detrás.

Vi cien damas hermosas encenderse como rosas,

con mucho estruendo nacer
y, en seguida, desaparecer.

**Negro soy de nacimiento
y de blanco me vestí;
pocas personas me quieren,
mas tienen respeto por mí.**

Una cosa pequeña
que se pone en el dedo
y cuesta mucho dinero.

Llevo mi casa al hombro,
camino con una pata,
y voy marcando mi huella
con un hilito de plata.

Un rebaño de ovejas,
que por la noche
van al prado
y por el día se acuestan.

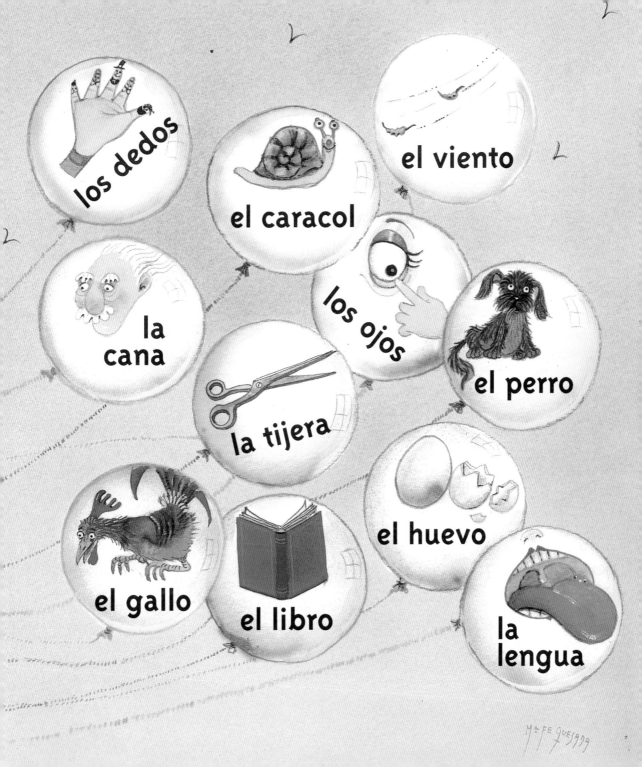

Nací en Zamora, pero resido en Vigo desde los 9 años. Cuando tenía 4 años me concedieron el Premio de Arte Infantil. Comencé a publicar mis dibujos como ilustradora infantil a los 14 años. En la actualidad llevo ya más de cien libros publicados.

Mi trabajo como ilustradora ha sido reconocido con diferentes premios y galardones: Premio Artistas Noveles Gallegos, Premio Arte Joven de Galicia, representante española en la Bienal Internacional de Ilustración Infantil de Bratislava (1992, 1994, 1996), número monográfico de la revista Clij...

Mª Fe Quesada

Coordinación editorial: Ana María García Alonso
Maquetación: Cristina Rejas Manzanera
Diseño de cubierta: Jesús Cruz

TERCERA EDICIÓN

© EDITORIAL EVEREST, S.A.
de acuerdo con
EDITORIAL EVEREST GALICIA, S.L.
Carretera León-La Coruña, km 5 – LEÓN
ISBN: 84-241-3407-9
Depósito legal: LE.119-2000
Printed in Spain - Impreso en España

EDITORIAL EVERGRÁFICAS, S.L.
Carretera León-La Coruña, km 5
LEÓN (España)